Svenja Schirr-Schmidt
Mit Illustrationen von Kasia Czech

AF286555

Mias Mediengeschichten

Vom Höhlenmenschen zum Internetmenschen

Für meine Familie

Es klingelt. Wie ein Wirbelwind flitzt ein kleines Mäd-
chen an die Haustür. Das ist Mia. Mia ist 5 Jahre alt und
geht in die Vorschule. „OOOOOma", ruft sie fröhlich lachend und öffnet die Haustür, denn sie hat Oma schon
vom Küchenfenster aus gesehen. Und sie hat Bo dabei.
Bo ist Omas Hund.

„Hallo Mia", sagt Oma lachend, als Mia ihr auf den Arm springt. „Du bist ja ganz schön schwer geworden. Ich kann dich ja kaum noch halten", schnauft Oma.

„Wo ist denn der Rest der Familie?" fragt Oma, als sie sich die Schuhe auszieht und Bo freudig Mia begrüßt.

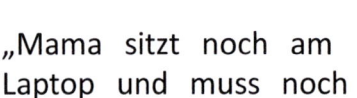

„Mama sitzt noch am Laptop und muss noch eine gaaanz wichtige Präsentation für ein Meeting vorbereiten. Papa sitzt im Wohnzimmer. Das Fußballspiel fängt gleich an. Auch das ist gaaanz wichtig, denn der Verein steht kurz vor dem Abgrund oder so ähnlich und muss in der ersten Liga bleiben, was auch immer das heißt", antwortet Mia achselzuckend. „Hannes ist in seinem Zimmer und spielt ein Computerspiel", ergänzt sie noch. Hannes ist Mias Bruder. Er ist 10 Jahre alt und geht in die vierte Klasse.

Nachdem Oma und Bo alle begrüßt haben, ruft Mia: „Oooma, kommst du in mein Zimmer? Können wir was spielen?" „Jaha … ich komme ja schon", lacht Oma.

„Was würde der Rest der Familie wohl ohne Medien machen?" fragt Oma als sie oben angekommen ist und vor Mias Kinderzimmertür steht. „Hm … Medien? Wie meinst du das?" sieht Mia sie mit großen Augen an. „Naja, ich meine was würden deine Eltern und Hannes wohl ohne Fernseher und Computer machen?"
Oma fügt erklärend hinzu „Weißt du, Mia, früher hatten wir keinen Computer und auch noch keinen Fernseher als ich so alt war wie du." „Wie bitte? Und was habt ihr dann gemacht?" fragt Mia stirnrunzelnd. „Wir Kinder haben damals draußen gespielt und die Erwachsenen haben sich getroffen und unterhalten. Es gab immer was zu erzählen", antwortet Oma. „Ich spiele ja auch manchmal draußen, aber nur, wenn ich das Notfall-Handy dabei habe", sagt Mia. „Das Notfall-Handy?" fragt Oma erstaunt. „Ja, mit dem Notfall-Handy können Mama und Papa mich jederzeit orten, das ist wie in einem Action-Film und im Notfall kann ich die beiden jederzeit anrufen", erklärt Mia.
„Oh", sagt Oma „das ist ja wirklich wie in einem Action-Film." „Erzählst du mir was von früher? Vielleicht etwas über Medien? Mediengeschichten … das wäre toll", schlägt Mia vor.
„Tooooor", hört man Papa aus dem Wohnzimmer rufen.

„Okay", schmunzelt Oma, während Bo sich an Mia kuschelt und gekrault werden möchte „dann erzähle ich dir Mediengeschichten: „Vor langer, langer Zeit da lebten die Menschen noch in Höhlen. Bereits damals gab es schon Geschichten. Sie malten ihre Geschichten einfach an die Wand", erzählt Oma.

„Aaahhh … verstehe … du meinst so wie ich, als ich kleiner war, da habe ich doch diese schöne Blumenwiese an die weiße Wand im Wohnzimmer gemalt. Ich war ja noch gar nicht ganz fertig, als Mama und Papa das entdeckt haben, die Tiere fehlten ja noch … das wäre eine tolle Geschichte geworden." „Ja, so ähnlich", lacht Oma „aber du weißt ja jetzt Mia, dass man so etwas nicht mehr macht, nicht wahr?" „Ja, ich weiß", gibt Mia kleinlaut zu. „Die Menschen entwickelten sich weiter und so überlegten sie, wie man die Geschichten am besten transportieren kann. Nach einiger Zeit ist dann das Buch entstanden – somit konnte man Geschichten mitnehmen und auch anderen zeigen. Ganz unabhängig von einer Höhle", erklärt Oma.

„Du meinst so ein Buch, wie meine Bücher hier?" fragt Mia und zeigt auf ihr kleines Bücherregal. „Ja, genau", nickt Oma. Plötzlich wird es im ganzen Haus dunkel … Stromausfall. „Oh nein", ruft Mama „meine Präsentation … der Akku meines Laptops ist leer und jetzt fällt der Strom aus." „So ein Mist", ruft Papa verärgert „gerade jetzt, wo das Spiel so spannend ist." „Habt ihr das extra gemacht?" hört man Hannes aus seinem Zimmer rufen. „Ich war bereits in Level 35." Das Haus ist stockdunkel und Papa holt eine Taschenlampe, um im Keller die Sicherungen zu überprüfen.

„Hier ist alles in Ordnung", ruft Papa uns zu. „Die Straßenlaternen sind auch aus. Vermutlich ist es ein größerer Stromausfall", stellt Mama erstaunt fest. Oma beschließt eine Kerze anzuzünden, so dass wir etwas mehr Licht haben.

Die ganze Familie tapert im Dunklen ins Wohnzimmer und Bo läuft voraus.

Im Licht der Kerze und der Taschenlampe sieht alles ein bisschen unheimlich aus. „Tja .. und nun?" fragt Hannes genervt. „Nun heißt es abwarten bis wir wieder Strom haben", sagt Mama. „Oma hat mir gerade eine Geschichte erzählt, eine Mediengeschichte, vielleicht habt ihr ja auch Lust sie zu hören?" fragt Mia aufgeregt. „Eine Mediengeschichte?" fragt Hannes. Mama und Papa schauen gespannt zu Oma.

„Okay, dann erzähle ich mal weiter ... die Menschen hatten sich schon damals viel zu erzählen. Aber da es früher noch kein Telefon oder Handy gab, mussten sie sich etwas überlegen, wie sie Neuigkeiten überbringen konnten. Im Mittelalter gab es zum Beispiel Sänger und Erzähler, die Nachrichten persönlich überbrachten." „Oh, wie stille Post?" fragt Mia.

„Ja, so ähnlich", lächelt Oma und erzählt weiter. „Dann folgten Postkutschen und Brieftauben und so war es den Menschen möglich, viele Nachrichten zu überbringen.

Erst viel später kam das Telefon. Früher als ich sechs Jahre alt war, hörten wir Radio, um zu erfahren, was es für wichtige Neuigkeiten gab." „Das Radio gibt es doch immer noch und ist bei uns häufig an", ergänzt Hannes, der mittlerweile auch gespannt zuhört. „Stimmt", sagt Oma, „ich höre auch immer noch gern Radio. Das Programm ist ja jetzt vielfältiger geworden und man kann zwischen

verschiedenen Sendern wählen." „Wie im Fernsehen", ergänzt Mia. „Früher hatte das Fernsehen auch nicht so viele Programme", erklärt Oma. „Außerdem war es am Anfang noch schwarz/weiß. Das war vielleicht toll, als es dann das Farbfernsehen gab. Alles war plötzlich bunt und sah nicht mehr so langweilig aus. Die Fernseher waren damals noch eckig und sahen wie Würfel aus." „Hä?! Wieso wie Würfel? Die Fernseher sind doch flach?" unterbricht Mia sie stirnrunzelnd. „Flache Bildschirme gab es damals nicht, man nannte sie Röhrenfernseher, das lag an dem Aufbau."
„Wenn dein Opa und ich das Abendprogramm sahen, dann musste deine Mutter schon längst im Bett sein",

erzählt Oma. „Stimmt", sagt Mama. „Ich habe dann noch im Bett gelesen oder mir zum Einschlafen Hörspielkassetten angehört. Das war schön. Ein paar alte Kassetten habe ich noch auf dem Dachboden." „Echt??" rufen Hannes und Mia erstaunt. „Die kann ich morgen mal raussuchen und euch zeigen. Ein alter Kassettenrekorder müsste dort auch noch sein." „Oh, daran erinnere ich mich auch noch sehr gut, wenn wir dir immer gesagt haben: nur noch eine Seite anhören, aber dann wird geschlafen", schmunzelt Oma. „Ich erinnere mich auch noch sehr gut an die Stolperfallen im Flur, als eure Mutter ihren ersten Computer hatte. Immer wenn sie ins Internet wollte, musste ein Kabel an die Telefondose angeschlossen werden und so konnte man dann ins Internet. Allerdings konnten wir in dieser Zeit nicht telefonieren. Deine Tante hat oft versucht anzurufen, aber es war besetzt. Das geht ja heute alles viel schneller und man kann telefonieren, wenn man im Internet ist. Das Kabel braucht man dafür heute auch nicht mehr, das geht alles über Funk", erklärt Oma.

„So haben sich die Medien mit den Jahren weiterentwickelt. Der Computer und das Internet sogar so schnell, dass man von neuen Medien spricht. Mit dem Handy konnte man dann von überall telefonieren und war immer erreichbar. Das erste Handy deiner Mutter war fast so groß wie eine Federtasche. Die Handys wurden dann immer kleiner.

Man konnte sich sogar Nachrichten schicken." „Mit Whats
App?" fragt Hannes. „Nein",
sagt Oma, „sowas gab es damals noch nicht."

„Mit einigen Handys konnte
man dann auch im Internet
surfen, das war aber sehr
teuer. Mit den Smartphones
konnte man günstiger ins

Internet gehen. Mittlerweile können die kleinen Computer ... also die Smartphones so viel, dass die Erwachsenen fast ausschließlich darüber kommunizieren, das
heißt sich Nachrichten schicken, telefonieren und im
Internet surfen.

„Ja, das stimmt", nickt Papa. Auf einmal geht das Licht
an und der Fernseher läuft wieder. „Das war eben rich-
tig schön", stellt Mia zufrieden fest „endlich haben wir
mal wieder alle zusammen gesessen und miteinander
geredet." „Du hast recht Mia, das sollten wir wieder
häufiger machen", stimmen Mama und Papa ihr zu.
„Na gut", brummt Hannes. „Und wisst ihr", sagt Oma

„auch wenn die Medien sich weiterentwickelt haben und wir ohne sie heutzutage kaum noch auskommen können, geht es im Kern immer nur darum: von der Steinzeit bis heute – miteinander zu kommunizieren. Und so gut sich die Technik mittlerweile auch entwickelt hat, so ist es sehr wichtig, dass wir als Familie nie vergessen miteinander zu reden und wie wir ja eben gesehen haben, geht das ganz einfach – auch ohne Strom", schmunzelt Oma und zwinkert uns zu.

Ende

Svenja Schirr-Schmidt
ist Medienpädagogin und wurde 1979 in Kiel geboren.
Sie studierte Medienwissenschaft und Erziehungswissenschaft in Hamburg.

Foto: Tobias Schirr

Ihr Ziel ist es, die Medienpädagogik sowie den Kinder- und Jugendmedienschutz im schulischen und im außerschulischen Bereich zu integrieren. Der verantwortungsbewusste Umgang mit Medien und die Vermittlung von Medienkompetenz gehören ihrer Meinung nach, neben Lesen und Schreiben, zu den wichtigsten Aufgaben unserer Zeit.

Kasia Czech

ist Illustratorin und Kunstpädagogin und kommt aus einer Stadt in Polen mit dem schwierigen Namen Czestochowa.

Foto: Agnieszka Wawro

Sie spricht Polnisch, Deutsch und Englisch, aber am meisten mag sie Kunst: Das ist eben auch eine Sprache mit deren Hilfe man kommunizieren und sich austauschen kann. Sie zeichnet ganz altmodisch auf Papier, um die Bilder mit Hilfe von neuen und alten Medien in die Welt zu schicken.